¿Cómo oír a Dios?

PALABRA

1ª edición, marzo 2025
2ª edición, junio 2025
3ª edición, agosto 2025
4ª edición, febrero 2026

© Álex Muñoz Vizcaíno, 2025
© Ediciones Palabra, S.A., 2026
   Ronda del Caballero de la Mancha, 59 - 28034 MADRID (España)
   Telf. (34) 91 350 77 20 - (34) 91 350 77 39
   www.palabra.es
   palabra@palabra.es

Diseño de portada: Equipo editorial
ISBN: 978-84-1368-450-5
Depósito Legal: M-5.943-2025
Printed in Spain - Impreso en España

Álex Muñoz

¿Cómo oír a Dios?

Un camino para encontrar Su voz

CUARTA EDICIÓN

dBolsillo

– ÍNDICE –

INTRODUCCIÓN

Un «método» para escuchar a Dios 11

Un verdadero diálogo 13

La oración no depende de lo que tú hagas 15

A Dios no le importan tus rezos 19

Tu propio Jesús personal 20

Los libros son útiles pero no hace falta abrirlos ... 23

Silenciosos, vacíos, expectantes e inmóviles 27

Falsos dioses 31

    Dios muleta 32

    Dios micrófono 32

    Dios guardia civil 32

La posesión divina 34

EL «MÉTODO»

1. Descentrar 37

Alaba a tu padre.. 40

El Espíritu de fuego 41

¡Misericordia, Señor!...................................... 44

Confío en Ti, Señor.. 47

2. Entregar... 52

Miedo a Dios 56

¿Y si yo no quiero dárselo? 60

Padre nuestro 62

3. Escribir 65

Mil preguntas 68

Escribe en primera persona............................. 69

Ven a verme 73

Ve a verle todo lo que puedas......................... 74

Un ejemplo 74

4. Creer 76

¿Cómo sé que es Dios quien me habla?............. 76

Dios no se impone 77

Dios no quita nada 78

Dios es un poco pesado................................ 80

Dios habla a través de otros 80

Dios es divertido.
Aprende a aburrirte con Él....................... 81

Vida de oración, vida en el Espíritu 84

CONCLUSIÓN

La oración inútil 87

Cada caminante siga su camino 90

Agradecimientos 93

INTRODUCCIÓN

UN «MÉTODO» PARA ESCUCHAR A DIOS

Hay muchos tipos de oración. Quizá tú conoces o practicas alguno en concreto, o ninguno. Pero lo cierto es que actualmente la *meditación* está tan de moda como el *coaching* o el *mindfulness*... En este libro, voy a referirme a lo que los cristianos entendemos, desde hace siglos, como *oración mental*.

Pero vayamos paso a paso. Por un lado, tenemos lo que podemos llamar *oración vocal*, donde nosotros hablamos, o intentamos hablar, con Dios con una serie de fórmulas ya establecidas.

Rezamos con fórmulas litúrgicas: un rosario, con sus cinco misterios y sus diez avemarías por misterio; un Salmo de la Biblia, como el salmo 45, el de la *Pluma de Escribano*, que se escribió siete siglos antes de nuestra era. O el *Padre*

Nuestro y el *Ave María;* el primero, la fórmula preciosa que nos enseñó el mismísimo Jesús de Nazaret; y la segunda, una oda a la Virgen sacada también de la Biblia e inspirada por la palabras de nada más y nada menos que un arcángel y santa Isabel (cfr. *Lucas* 1, 26 y ss.).

Con este tipo de oraciones, nosotros hablamos y Dios nos escucha, aunque sean palabras que Él mismo nos ha enseñado. Yo quiero hablarte ahora de un tipo de oración diferente que te permite escuchar tú a Dios; y te propongo algunas ideas para que lo logres. Pero antes, algunas advertencias iniciales sobre la idea de utilizar *un método* para orar.

Rezar es hablar con Dios de nuestra vida, de la suya, de la vida de los nuestros y de los suyos, los santos; es conocerle y conocernos, y, para eso, no hace falta ningún método. Para una relación de amor entre dos personas, no se necesita ningún sistema de trabajo. Todo lo contrario. Basta con estar ahí y mirarse. A mí me chirría la idea de establecer rutinas repetitivas para una relación de amor con Dios o con quien sea.

Pero considero que algunos consejos prácticos, sacados de la experiencia, nunca están de más. De acuerdo, para hablar y querer a alguien, no necesitas ningún método. Pero estas ideas que comparto contigo, que son un tema personal mío, te aseguro que funcionan. Ayudan a la gente. En cualquier relación, la creatividad y la emoción son esenciales. Pero un poco de estrategia y técnica no molestan, porque los métodos en nuestra vida cotidiana son útiles. Algo así como cuando hay que preparar una conversación difícil con tus padres o con un amigo a quien se quiere corregir.

Con el tipo de oración mental que te propongo, Dios te irá hablando y tú le acabarás escuchando. Posiblemente, muchos habéis experimentado que Dios os habla; habéis sentido incluso su presencia continua y amorosa junto a vosotros. Pero yo te hablo ahora de una oración en la que le planteas a Él cuestiones concretas, le haces preguntas y escuchas sus respuestas y atiendes a lo que te dice.

UN VERDADERO DIÁLOGO

La oración, a diferencia de la *meditación*, no supone ensimismarse en el cosmos, o dejarse abrazar por el ciclo de la vida. Aunque posiblemente muchos ya lo sabéis, la oración es diálogo. Pero ¿de verdad escuchas a Dios en tu día a día o simplemente es una idea teórica que hemos aprendido en un catecismo? Evidentemente, no escuchas a Dios con el oído físico, sino con el oído espiritual: el corazón, la inteligencia, la voluntad, nuestros pensamientos. Sobre todo, los pensamientos.

La diferencia entre nosotros y una vaca o un ornitorrinco paletudo es justo esa chispa divina especial que nos ha dado Dios y que la ciencia no logra explicar; esa chispa que se enciende en nuestra inteligencia y nuestro corazón y nos permite comunicarnos con Él. Por eso, a través de nuestros pensamientos y mociones del corazón, podemos ponernos a escucharle.

No se escuchan voces, no hay cacofonías misteriosas ni apariciones; aunque si a alguien se le aparece un ángel o la Virgen, ¡estupendo! A mí me daría un poquito de sustillo; pero vamos, que no es lo habitual. En nuestra oración cotidiana podemos escuchar a Dios con la misma intensidad y sin el lío que supone ser protagonista de una aparición divina. Es la bendita cotidianidad.

Terminando con la idea del método, la mejor comparación que se me ocurre es la de las clases de una autoescuela. Te enseñan a conducir paso a paso, de forma sistemática y, a veces, excesivamente normativa.

Pues igual yo, que no soy ingeniero, soy filólogo; ni tengo una mente especialmente analítica ni me gustan especialmente las cuadrículas, pero en esta ocasión voy a ser un poco sistemático.

Lo importante es sacarse el carné. Luego, haz lo que quieras o te permitan con el coche. En la vida personal me gusta la manga ancha. Como decía san Josemaría, fundador del Opus Dei, citando un refrán medieval, «cada caminante siga su camino» (cfr. *Conversaciones con Mons. Escrivá de Balaguer*, Rialp). Pero, en esta ocasión, intentaré explicarme de forma ordenada. Luego, que cada uno aplique como quiera y le interese lo que haya entendido... o le haya inspirado Dios.

LA ORACIÓN NO DEPENDE DE LO QUE TÚ HAGAS

El método tiene varios pasos: 1, 2, 3 y 4... Cuatro hitos que puedes aplicar en tu oración. Como en la autoescuela: al principio te pones más tenso que la cuerda de un pozo intentando no saltarte ningún paso: asiento, espejos, cinturón, te falta el aire, arrancar, embrague, freno, manos en el volante, posición 10 y 10 se te resbalan con el sudor, mete primera, suelta, embrague, el examinador me mira mal, suelta poco a poco, ¡pum! se me caló.

Todo tiene que ser ordenado y sistemático porque no hay soltura, pero al final, cuando consigues automatizar todos los movimientos, conducir te sale de forma natural. En este libro, la idea es la misma: que esta conversación con Dios, que al principio haces paso a paso (primero el 1º, después el 2º, etc.), al final te salga sin pensarlo. Como cuando llevas un año conduciendo.

Ahora bien, el potencial de la oración no depende de lo que tú hagas. El centro de tu relación con Dios no eres tú; el centro es Él. Lo interesante es lo que Dios te dice, no lo que tú cuentas. Todo lo que puedas explicarle, Él ya lo sabe de antemano. Es verdad que, como un buen padre o una buena madre, escucha al hijo, aunque ya sepa que ha tenido el recreo, matemáticas, actividad extraescolar...; porque a Él también le encanta escuchar y atender, como a cualquier padre o madre. Aunque a veces seamos unos pesados.

Pero lo que te propongo en este momento es más una actitud de escucha por tu parte, porque me parece fundamental en la vida. Si no actuamos así, podemos llegar a pensar que somos nosotros los que nos vamos a hacer santos; nosotros los que llegamos a Dios con nuestro esfuerzo. Como si Él estuviera allí, a lo lejos, en lo alto, y tú y yo mediante nuestros actos, rezos, oraciones, misas, rosarios, confesiones... vamos a escalar el monte Olimpo.

No se trata de tener esa actitud que quizá has usado cuando tienes invitados en tu casa y procuras asegurarte de que haya tema de conversación hablando sin parar para entretenerlos y que no se generen silencios incómodos. A Dios no hace falta entretenerlo y la oración no es necesariamente mejor porque no he dejado un hueco en silencio durante 30 minutos seguidos.

Estoy seguro, por propia experiencia, de que, si fías el vuelo de tu alma a tus fuerzas, tarde o temprano acabarás de bruces contra el suelo. El que nos mantiene en el aire es el viento de Dios. No subimos a fuerza de batir las alas frenéticamente como un colibrí, sino de planear sobre los vientos como un águila, casi sin esfuerzo.

Y te pido perdón con antelación, porque a veces me disparo y digo cosas que claramente son matizables, pero lo haré adrede para provocar un poquito. Y además mi intención no es hacer un tratado de teología de la oración, sobre todo porque haría el ridículo, debería haber leído y estudiado más (demasiados cafés para arreglar el mundo en la Tazza d´Oro al lado del Panteón en Roma cuando debería estar en la biblioteca durante mis años de seminario).

No tengo nada en contra de la ascética, del esfuerzo tradicional. Todo lo contrario. Es esencial. La virtud, ya lo decía Aristóteles, se logra con la repetición de actos que crea un hábito (cfr. *Ética a Nicómaco*, libro II). Pero es que ya desde hace muchos siglos la Iglesia católica ha calificado el *pelagianismo* como una herejía: el error que consiste en creer que vamos a pagar el Cielo con nuestro esfuerzo o que lo vamos a comprar con nuestras oraciones (III Concilio Ecuménico de Éfeso, año 431). Además de una idea herética, es inútil, lo mires por donde lo mires.

Dios ya ha pagado todo lo que nos hace falta para esta vida y la otra, y con creces. Y nos regala el resultado *gratis total*, porque le da la gana. Jesús nos ha dicho: «Todo corre de mi cuenta, estáis salvados. He muerto en la cruz por vosotros y la deuda con Dios está saldada». Si piensas que son tus obras las que te salvan, ¿de qué sirve la muerte del Señor en la cruz?

La idea fundamental es que cada uno de nosotros tiene que esforzarse para desear transformarse en Cristo. El resto depende de Él; no de lo que nosotros hagamos a fuerza de brazos. En la relación con Cristo tenemos que empeñar todo nuestro corazón (nuestra persona), no solo la inteligencia, la voluntad o los sentimientos.

Las personas no solo quieren o solo piensan o solo sienten; las personas aman, que es lo mismo pero con unidad de vida.

A DIOS NO LE IMPORTAN TUS REZOS

Se trata de un giro de ciento ochenta grados en tu relación con Dios. No, mejor, trescientos sesenta, con ciento ochenta irías en dirección contraria... madre mía, soy muy de letras. Puede que partas de la idea de «creo en Él, por lo cual actúo y voy a Misa y cumplo con una serie de ritos religiosos y normas de vida, que me permiten tener la conciencia tranquila; que me hacen decir: "yo creo que soy bueno, hago lo que le gusta a Dios y cumplo sus mandamientos"».

¡Pero si para Dios ya eres buenísimo, antes incluso de que hagas absolutamente nada! A Él no le hace falta nada de lo tuyo, no quiere tus rezos, tampoco tus misas; no quiere, entiéndeme, nada que tú le puedas dar, ¡te quiere a ti! Que le digas: «Jesús, te quiero». Y, entonces, Él te coge por los mofletes, como a Pedro después de la resurrección.

¿Recuerdas la escena? Al amanecer, a orillas del lago Genesaret, Jesús delante de la hoguera con unos panes y unos peces preparados para el desayuno (cfr. *Juan* 21, 9-19); se sienta en el suelo con Pedro, que es el primero que ha llegado desde la barca donde estaba con sus compañeros, y le dice a solas, en confidencia: «Simón, hijo de Juan, ¿me amas más que estos? (*Juan* 21, 15)».

Y a Pedro, que es todo corazón y, a pesar de su grandeza, está hundido en la miseria, el pobre, le entra una angustia tremenda. «Pero si hace nada te he traicionado de la manera más vil». Pero se lanza y le dice al Señor, «Sí, te quiero»; y ya está. Se lo dice otra vez. Y ya está. Así que a Jesús le da igual lo que haya hecho: «Si es que yo ya he pagado por ti, ya he muerto por ti y por cada uno de los que estamos aquí». Y le manda: «Apacienta mis corderos» (*Juan* 21, 15), a la Iglesia entera.

¿Quién es digno, y no ya solo digno, sino simplemente capaz de asumir esa misión? Cuando se trata de tratar a Cristo, valga la redundancia, el acercamiento lo hace Él. Solo tienes que ponerte a tiro. Es una actitud diríamos que bastante «pasiva», aunque no por eso menos esforzada. Para arrepentirte por amor, como ha hecho Pedro, hay que tener mucho amor y mucho valor y muchas agallas...

TU PROPIO JESÚS PERSONAL

Te pongo unos ejemplos, a ver si consigo explicarme mejor. Orar es como ponerse delante del fuego. Tú no controlas las llamas ni el calor ni la luz; solo decides la distancia a la que te arrimas. De igual forma, podemos llegar a creer que podemos controlar a Dios con nuestros rezos, nuestros planes, previsiones, estrategias y listas. Pero no es así. Solo podemos acercarnos a Él.

Dios es «misterio» (cfr. Joseph Ratzinger, *Introducción al cristianismo*). Es fundamental que aceptemos esta realidad de que Dios es misterioso, que no lo puedo entender ni controlar ni embridar con una serie de normas que yo pauto en mi vida, como si fueran señales de tráfico. Dios es como el fuego (uno de los símbolos de su Espíritu) y no lo puedes sujetar.

El fuego es algo que tú recibes: la luz, el calor, la paz que transmite la contemplación de su misterio y su potencia. Es un juego de «quietud» por tu parte. Piensa en el sol, cuando vas a la playita a broncearte. Esa es la imagen de la oración: ponerme delante del sol que me calienta, me reconforta y que, además, está solo para mí.

Aprovecho esta imagen del sol. Fíjate: ¿cómo puede Dios estar atento personalmente a cada uno de los miles y miles de millones de personas que han poblado, poblamos y poblarán la tierra? Pues como el sol: tú llegas a tu *playica*… y te pones delante y te pones moreno, y da igual que el lugar esté lleno de piedrecitas y con mucha gente. Tú te pones al sol y no importa que contigo compartan toalla cinco millones de personas, como si fuerais choricillos en ristra en una barbacoa. Tú te achicharras igual que si estuvieses solo, y tienes que ponerte tu *cremita*, porque hay que tener cuidado con los cánceres de piel.

¡Tienes tu sol para ti entero! ¡Solo para ti! Pues eso es la oración, ¡tienes a todo un Dios para ti solo! A veces pienso: «¿Cómo voy a ir con mis cosas, cómo van a ser estas tonterías importantes para Dios, cuando hay gente con muchos más problemas?». Si es que Dios está solo para ti. Hay un Jesús personal que te atiende personalmente.

Una canción de *Depeche Mode* se llama precisamente así: *Personal Jesús*, tu Jesús personal.

Dice la letra:
Tu propio Jesús personal
Alguien que escuche tus oraciones
Alguien que se preocupe
Tu propio Jesús personal
Alguien que escuche tus oraciones
Alguien que esté ahí
Alguien que venga
Alguien que toque

Está claro que a nuestra mente le cuesta aceptar que Dios, todo un Dios, puede estar centrado solo en ti, prestándote atención solo a ti y también solo al de al lado, y al otro y al otro y al de más allá... Pero sí, hay un Dios personal que te escucha solo a ti, y recibes toda la potencia de un Dios exclusivamente atento a ti. Porque no ha muerto por la humanidad, así en general; no, ha muerto por ti y por mí, y está pendiente de ti y de mí.

LOS LIBROS SON ÚTILES PERO NO HACE FALTA ABRIRLOS

La oración es algo más pasivo que activo; más de recibir a Cristo, ponerse a tiro y estarse *quietecico*, que de agitarse de un lado a otro, como un pollo sin cabeza. A veces vamos a la oración a «hacer cosas», «muchas cosas». ¡Para!, deja de hacer «cosas». ¡Cállate! Mantente en silencio.

Santa Teresa de Jesús consideraba que los libros espirituales podían ser una gran ayuda para la vida de oración, especialmente en momentos de sequedad espiritual o cuando se enfrentaban dificultades en la oración personal. En su autobiografía *Libro de la vida*, la santa menciona cómo le ayudaron los libros en su camino espiritual.

«Cuando no tenía libros, mi alma se distraía y mis pensamientos vagaban. Con un libro me recogía. Me parece que era como un cebo al agua para traer los peces. Dios me perdonaba entonces, y en la sequedad de espíritu, cuando no podía juntar los pensamientos ni tener devoción, procuraba leer alguna cosa y luego comenzaba la oración, para que así hiciese el Señor Su misericordia y Su favor» (*Libro de la vida*, capítulo 4).

Cada «maestrillo tiene su librillo», dice el refrán. Y el método que te planteo es una opción personal. Puedes estar de acuerdo o no. No pienso polemizar con la santa de Ávila porque, en el fondo y la forma, estamos de acuerdo. Pero yo me centro más en la actitud de escucha en la oración que en el hecho de que tengas que leer cosas, meditar y hacer, hacer y hacer cosas, y sacar propósitos para poder hablar con Dios.

Fíjate bien que Teresa dice que usaba los libros en una época de su vida antes de comenzar la oración «para que así hiciese el Señor Su misericordia y Su favor». El Señor «te hace» Su misericordia y Su favor. Ahí está la clave: es necesario estar *callaíco* para escuchar a Dios. No confundas los medios con los fines, un error demasiado frecuente en la vida espiritual.

Te va la vida en tener oración. Por eso, no es extraño, tal como funcionan las cosas en nuestra existencia, que encuentres tanta dificultad, e incluso repugnancia, cuando lo intentas. El mundo, el demonio y tu propia carne, los tres enemigos del hombre según la Sagrada Escritura, te darán una dura batalla (cfr. *Efesios* 2, 1-3 y *Juan* 2, 15-16). Así te vean que intentas ponerte en oración de verdad, te vas a enterar. Y así lo advierte santa Teresa:

> Es cosa que te va la vida el tener oración; por eso, en nada hallarás tanta repugnancia y dificultad: el mundo, el demonio y tu propia carne te moverán cruda guerra, así que te vean que te das a la oración. Todas las prácticas de piedad te dejarán sin inquietarte en su ejercicio, menos la oración. Es lo que más teme el demonio. Porque un alma que persevera en la oración está salvada, lo que no puede decirse de otros ejercicios de piedad (...). Dadme cada día un cuarto de hora de oración mental y meditación y yo os daré el Cielo (*Obras completas*, Diálogo 1°).

Santa Faustina Kowalska expone muy bien esta idea. Faustina Kowalska, conocida como santa Faustina, nació en 1905 en Głogowiec, Polonia, y falleció en 1938 en Cracovia, también en Polonia. Fue religiosa de la Congregación de las

Hermanas de Nuestra Señora de la Misericordia, donde ingresó a los 20 años y donde trabajó como cocinera, jardinera y portera. Pero santa Faustina es conocida sobre todo por su papel en la propagación de la devoción a la Divina Misericordia.

A lo largo de su vida, la santa tuvo una serie de visiones y revelaciones místicas, en las que Jesús se le aparecía y le pedía que difundiera el mensaje de la Divina Misericordia. Bajo la dirección de su confesor escribió un diario en el que registró estas experiencias, que más tarde se publicó con el título *El Diario de santa Faustina: la Divina Misericordia en mi alma*.

En una ocasión, Jesús le dijo: «Cuando te hablo en lo más profundo de tu corazón, ganas más que si leyeras muchos libros. ¡Oh, si las almas quisieran escuchar mi voz cuando hablo en lo más profundo de sus corazones, en un momento llegarían a la cumbre de la santidad! (*Diario de santa María Faustina Kowalska*, n° 584)».

No digo que a partir de ahora tiréis todos los libros a la basura. Si se te va la pinza y lo haces, por favor, este ¡consérvalo! Pero no es lo mismo leer libros piadosos para alimentar tu formación y tu oración, que escuchar a Dios. Son cosas diferentes. Es lo que decía santa Teresa de Ávila:

cuando no puedes recogerte y no escuchas la palabra de Dios, porque estás alterado, porque algo dentro de ti te reclama la atención, o estás un poco más nervioso o cansado, entonces sí, coge el libro. Ahí, sí. Pero si puedes evitarlo, evítalo. Y usa otros momentos para formarte con la lectura.

SILENCIOSOS, VACÍOS, EXPECTANTES E INMÓVILES

Quizá el principal motivo por el que nos cuesta hacer oración es porque no sabemos hacer silencio en nuestros corazones ni en nuestras cabezas.

Por eso, me centro ahora en el recogimiento, en el silencio del corazón, que a veces es más laborioso que acudir a Misa o participar en un acto piadoso. Mira, por ejemplo, el rosario. El rosario es una oración maravillosa. ¡Una corona de avemarías ofrecida a la Virgen Santísima! Tantas oraciones repetidas tantas veces, como piropos dirigidos a nuestra Madre y Reina de Universo. Puedo rezar un rosario y dos y... tejer siete coronas de avemarías, un hecho cuantificable que me da paz.

Pero Dios no es cuantificable. Santa Teresa decía que «por mucho que menees los labios, el Señor no está sordo; lo que importa es que se entiendan los pensamientos y que estén cerca de Su Majestad» (*Camino de perfección*, cap. 25, nº 2). La santa de Ávila enfatizaba, en sus enseñanzas sobre la oración, la importancia de la sinceridad y la interioridad en la comunicación con Dios, más allá de las palabras externas.

La santa de Ávila destaca que lo esencial es la intención y el estado del corazón, más que la cantidad de palabras que dices en la oración. San Josemaría Escrivá aseguraba que «el Rosario es una oración muy grata a la Virgen y, si lo rezáis como es debido, introducirá en vuestra alma la posibilidad de una hondísima y auténtica contemplación» (*Es Cristo que pasa*, nº 142). No se trata de repetir devociones. Se trata de contacto personal contemplando la vida del Señor).

No digo, con esto, que no haya que rezar el Rosario ni que no haya que repetir muchas veces el Avemaría, o cualquier tipo de oración litúrgica. Entiéndeme, por favor. Es una liturgia hermosa. San Josemaría Escrivá comparaba la repetición de las avemarías en el Rosario con el diálogo amoroso entre dos enamorados (cfr. *Santo Rosario*, san Josemaría Escrivá). Pero aunque sea repetitivo, como en el caso de dos tortolitos, tiene que ser un diálogo personal. No puedes estar diciendo lindeces a tu chico mientras miras el TikTok.

Cuando dos personas que se aman se encuentran, suelen repetirse palabras y expresiones de afecto una y otra vez, no por la necesidad de comunicar información nueva, sino para expresar y reforzar su amor mutuo. Estas repeticiones son actos de amor que fortalecen su relación y les permiten disfrutar de la presencia del otro.

Otra gran santa, también llamada Teresa, como la de Ávila, pero que en este caso vivió la mayor parte de su vida en Calcuta, pone la guinda al pastel:

> Necesitamos encontrar a Dios, y no podemos encontrarlo en medio del ruido y de la inquietud. Dios es amigo del silencio. [...] Necesitamos el silencio para poder tocar las almas. Lo esencial no es lo que decimos, sino lo que Dios nos dice y dice a través de nosotros. Jesús nos espera siempre en el silencio; en ese silencio nos escucha, ahí nos habla y ahí podemos oír su voz (cfr. Madre Teresa de Calcuta, *El amor más grande*).

No conozco tu vida, y no puedo personalizar mis consejos, pero estoy convencido de que a veces es más fácil, por ejemplo, ir a Misa todos los días —que es el culmen de toda oración, porque es la unión total con Cristo—; es más fácil, te digo, ir a la iglesia a una hora determinada, seguir más o menos atento la liturgia, comulgar, rezar un poquito e irte; todo eso es más fácil que hablar de tú a tú con Jesús.

Todas estas prácticas son hábitos buenos, buenísimos, y en el caso de la Eucaristía, vital; pero pueden convertirse en simples costumbres humanas: repetición de acciones que nos ordenan y facilitan la vida y, como demuestra la ciencia moderna, nos proporcionan flujos de dopamina (la hormona de la felicidad) e incluso producen satisfacción física.

A ver si este ejemplo te ayuda: una chica conoce a un chico, empiezan a tratarse y, un día, se sientan en una mesa de un bar con una cervecita fresquita o agua mineral con gas (sí, con gas, a mí me gusta); sacan un papel y dice la chica: «Oye, creo que me gustas, podemos empezar a conocernos más y quería plantearte nuestro noviazgo. Así que podemos empezar estableciendo los términos: los lunes, podremos llamarnos por teléfono a partir de las 8:30 h de la tarde cuando salgamos de clase; los martes, podremos escribirnos WhatsApps de 11 a 13 h; los miércoles, podremos vernos a las 9:03 h, que es el momento más oportuno; los viernes, podremos dar un paseo y cogernos de la mano; los domingos, iremos a Misa juntos». El chico accede, firman los dos el papelito, se dan la mano y comienza su noviazgo.

Ridículo, ¿no? Establecer un contrato con una serie de normas para cumplir: no hay pasión, salseo, ilusión… En una historia de amor o amistad se implica toda la persona: cabeza, corazón y voluntad.

¿Y no te parece que a veces hacemos algo parecido con Dios? Establecemos una serie de actos de piedad distribuidos estratégicamente; procuramos cumplirlos indefectiblemente: da igual la vida de ese día, porque es lo previsto y se hace; llegamos a la noche y un «qué bien, todo cumplido» o un «qué mal, no he estado a la altura», coronan la jornada. Y de nuevo yo en el centro y predominando mi voluntad y la satisfacción de haber «hecho cosas» contabilizables que me dan seguridad.

FALSOS DIOSES

El paso previo para llegar a una oración como la que te propongo es aprender a estar en silencio y a escuchar a Dios. Cuando estás en silencio, das pie a que Dios te hable. Y Él habla, te lo garantizo. Pero no es fácil alcanzar este estadio. Como nada en la vida. El primer problema consiste en que no nos creemos que sea posible que Dios me hable así y ya está.

Dios muleta

Tenemos en la cabeza una imagen que podríamos definir como la del «dios muleta»: yo tengo mi vida, tengo que sacar mis castañas del fuego y Dios es mi muleta. ¿Dónde me apoyo cuando hay dificultades? «Ay, Señor, ayúdame en esto». «Ay, Señor, ayúdame en aquello». O el «dios Harry Potter»: rezo unas fórmulas durante un tiempo determinado y *plof*, se me concede el deseo, y pongo más fe en el cumplimiento matemático de lo previsto que en Dios mismo; más confianza en lo que he rezado que en su Providencia amorosa.

Dios micrófono

O el dios «micrófono celestial». Un receptor de oraciones inmóvil y oscuro que recibe plegarias y que, si le apetece, emite un sonido o una respuesta; y si no, se convierte en un Dios sin corazón, como el de los filósofos...

Dios guardia civil

Dios también puede parecernos un dios «guardia civil» que, cuando te lo encuentras, te da un *repullo*, un vuelco en el corazón, ¡aunque tengas todos los papeles en regla!

(Ojo, amo a la Benemérita, porque la mitad de mi familia pertenece al Cuerpo; es más, mi padre de segundo apellido se llama así: «del Cuerpo». Así que todo mi respeto y cariño para ellos. ¡Viva la Guardia Civil!).

Pero volvamos a lo nuestro. El dios «guardia civil» es aquel ante quien nos presentamos y vemos que no estamos a la altura, porque no está contento, porque nunca soy suficientemente bueno y siempre tengo que mejorar. Delante de ese dios, siempre nos falta algo. Está como exigiéndonos continuamente y recordándonos que no damos la talla.

De nuevo no es Él el que está en el centro de nuestra oración, somos nosotros recordándonos una y otra vez a nosotros mismos que no hacemos las cosas bien; machacándonos porque no llegamos a unos *estándares de no sé qué tipo de santidad* que no sé quién se ha inventado. En definitiva, realmente seguimos buscándonos a nosotros mismos, usamos a Dios como medio y excusa; Él no es el fin de mis rezos, sacrificios y deseos. Buscamos más los *favores de Cristo* que al *Cristo de los favores*.

LA POSESIÓN DIVINA

Tú y yo insistimos en llevar nuestra carga a pulso, solitos. De hecho, crees que estás solo en tu lucha vital y que, si al Señor le place, te echa una mano, como hizo el Cireneo con Él en la subida al Monte Calvario, a las afueras de Jerusalén (cfr. *Mateo* 27, 32; *Marcos* 15, 21; *Lucas* 23, 26). Piensas: «Con los problemas de mi hijo, con este trabajo, con este objetivo…». No es así. Es nuestra cabecita humana que nos engaña una y otra vez.

A ver si te ayuda esta imagen: vas cargado con dos bolsas de la compra para casa y se acerca un vecino y te dice: «¡Vecino, ¿te echo una mano?», tú no le respondes sin más: «Ah sí, toma», y le endosas los dos paquetes, mientras le ofreces amigable conversación. No es lo normal. ¿No? Tú, o bien le pasas solo una bolsa para compartir el peso o le dices al amable voluntario que «no importa», que tu portal está ahí al lado; y no sueltas del todo la carga.

Con Dios pensamos que ocurre lo mismo. Que no vamos a soltarle toda la carga así por la cara, o que ni siquiera Él está realmente ahí para ayudarnos a llevar bolsas de plástico con artículos de supermercado. Nosotros nos encargamos de nuestra vida y, de vez en cuando, le pedimos a Él que nos eche una *manita*. Y cuando la tempestad arrecia, nos preguntamos por qué se hace el dormido, como hicieron sus discípulos en el lago de Genesaret en mitad de la tormenta (cfr. *Mateo* 8, 23-27; *Marcos* 4, 35-41; *Lucas* 8, 22-25).

¡No!, ¡que no! Él dice específicamente: «Venid a mí los que estáis cansados, agobiados, yo os aliviaré. Porque mi yugo es suave y mi carga, ligera» (*Mateo* 11, 28-30). Él es el Todopoderoso y no tú. Dale todas tus cruces, tus preocupaciones y confía. Quédate junto a Él. Deja que vaya tomando el control y la guía de tu vida, deja que Él te transforme, te posea.

A veces, llegamos a tener más fe en las posibles posesiones diabólicas que en la presencia real y eficaz de Dios en nosotros constantemente. No dejes de invocar y pedir al Espíritu de Cristo que crezca en ti: «Poséeme, Señor, controla mi vida, sé Tú el dueño de mi existencia, toma las riendas».

Cristo va poseyéndote porque estás todo el tiempo que puedes, y quieres, delante de Él, del *Sol que más calienta*. Y va, así, transformándote en Él. No eres tú el que hace cada vez cosas más espectaculares ni el que es cada vez más perfecto. Como decía san Juan de la Cruz, en el comentario a *La Noche oscura:* «Él pone sus

perfecciones en ti, para amarte más y más a ti»
(cfr. San Juan de la Cruz, *Noche oscura*, II, 5, 6).

Fíjate en Pedro, el brabucón de entre los apóstoles del Mesías. Cuando los soldados prenden a
su maestro en el Huerto de los Olivos (cfr. *Juan*
13, 37; 18, 1-11), él saca la espada: «Yo daré mi
vida por ti», había jurado poco antes al Señor,
alterado. Y le corta de un mandoble la oreja al
siervo del Sumo Sacerdote, que probablemente es simplemente otro pobrecito desgraciado
como él, y hace lo que puede. Y Jesús, como si
fuera con *superglue*, vuelve a colocar la oreja en
su sitio.

El príncipe de los apóstoles hace gestos muy
bravos, porque piensa que «yo soy *la Piedra* y
soy el más grande y el más echado *palante*... y el
pecho lobo». ¡Ya! Pero, poco después, se estrella
en las tres negaciones. Pero Pedro reconoce, al
fin, que es un desastre y llora inconsolablemente
hasta convertirse y decir: «No, eres Tú el que da
la vida en mí». Hasta ese preciso instante, Pedro
no es aún la Piedra que el Señor va a usar para
edificar su Iglesia. Nosotros interpretamos las
cosas al revés. ¿No lo ves? Ese, el Pedro fracasa-
do, sentado a los pies del Señor, es el verdadero
Pedro sobre el que se funda el Cuerpo Místico de
Cristo. Antes, no.

EL «MÉTODO»

1. DESCENTRAR

Abordamos ahora los cuatro pasos de los que te he hablado al tratar del método para alcanzar una buena oración. A partir de aquí, mis consejos son absolutamente prácticos. Porque a la oración, como a todo en esta vida carnal, hay que ponerle patas. Pero, te lo advierto una vez más, no confundas los medios con el fin; no conviertas el método de oración en un destino, porque al final será peor el remiendo que el descosido.

Repito, para tratar de amor, para establecer una relación de amistad, de intimidad con Dios, en realidad no hacen falta métodos. Este es el mío y quiero compartirlo contigo, pero, por favor, no pienses que, si no lo sigues, estás haciendo mal la oración. Prueba si quieres y quédate con lo que te interese.

El *método* se define con cuatro verbos: *descentrar; entregar* y, al final, *escribir* y *creer*. Estos son los cuatro pasos. Habitualmente, cuando te planteas hacer oración, te imaginas yendo al templo o una la capilla, y te presentas delante de Nuestro Señor en el Sagrario. También puedes ir a rezar en mitad del monte, o en tu cuarto, a solas; pero ya verás cómo Él te va llamando a hacerle compañía en el Sagrario, ya verás.

Te has presentado ante el Señor espoleado por tus cosas y todo el barullo que te rodea, centrado totalmente en ti mismo. Normal, es lo que pasa cuando estás tú contigo mismo. Pero esta oración puede acabar siendo un diálogo de sordos. O un monólogo de tú, contigo.

Y no es que esto esté mal. Dios, aunque solo le dejes ser un mero espectador de tu vida, está feliz con tenerte cerca. Por algo se empieza. Aunque tú no le hagas mucho caso, Él actúa. Un padre bueno atiende siempre a su hijo pequeño cuando le tiene cerca, aunque el chavalín no le preste demasiada o ninguna atención.

Pero en esta situación corres el peligro de salir de estos encuentros casi igual a como has llegado. Quizá Dios me ha cambiado el pañal, me ha restañado alguna herida o me ha dicho que me quiere. Pero yo solo sigo pendiente de cómo están mis cosas, y he sacado el móvil y me he distraído o me he dormido.

Me parece muy difícil tomar consciencia de que estás de verdad delante de Dios Todopoderoso, de Jesús de Nazaret, del Espíritu Santo, si tan solo dedicas unos segundillos de rodillas a santiguarte rapidillo y, ala, a leer, pedir, contar, rezar fórmulas.

¿No te ocurre que a veces tienes delante a una amiga que te cuenta su vida, las dos sentadas en un banco y bla, bla, bla, y tú asintiendo estupendamente —«ajá» «sí», «sí», claro»—, pero tú con la cabeza en lo que te vas a poner esta noche para salir, o en que tienes que recoger a tu niña y en que no se te puede olvidar comprar leche antes de volver a casa?

Pues si eso te sucede con una persona que tienes enfrente, a la que ves con tus ojos y oyes con tus oídos, ¿qué no te pasará con Alguien a quien también tienes delante, pero que no puedes ver ni oír con los ojos y los oídos de la carne?

Necesitamos aprender a callarnos, a recoger nuestra cabecica y nuestros sentidos, la inteligencia y la voluntad. A eso se dedican otras técnicas, como el *fulmindess* o *windness hundred o graminawer*, o como quiera que se llamen. Pero esas técnicas te ayudan a centrarte, y yo te animo a descentrarse, porque tu centro es Él. Te animo a aprender a descubrir la presencia real de Cristo vivo en ti, además de en el Sagrario. Y te propongo un modelo trinitario, tres pasos, que te pueden ayudar.

Alaba a tu Padre

El primer paso es la *oración de alabanza*. Cuando inicies tu oración, empieza echándole piropos a Dios. Eso es la oración de alabanza. Céntrate en Él, mírale a Él, dile que le quieres; reconoce lo grande que es, lo bueno que es, bendícelo, adóralo, glorifícalo, solo Él, solo Él es lo que importa; todo lo demás se hace pequeño ante su Presencia.

Hay muchas pequeñas oraciones para este propósito. Muchas puedes extraerlas de la Santa Misa, la oración de alabanza por excelencia: «Bendito seas por siempre, Señor; tuyo es el Reino, el poder y la Gloria por siempre, Señor. Te alabamos, Señor; Santo, Santo, Santo es el Señor Dios del universo…» (cfr. *Misal Romano*).

Con esta oración de alabanza tú no pides nada, no consideras nada tuyo. Pero, a lo mejor, te das cuenta de que tienes poco vocabulario para alabar a Dios. Poseemos muchas palabras para pedir y pocas para alabar. ¿Por qué será? En algún momento aparece un gloria por aquí y una pequeña alabanza por allá. Pero somos tacaños con este tipo de expresiones. Casi siempre pedimos.

Fíjate, en cambio, en qué dices cuando rezas el padrenuestro, la oración que el mismo Jesús nos enseñó para que habláramos con su padre Dios. Sí, pides algunas *cosillas* al final; pero empiezas la oración con una increíble alabanza y las terminas con un «gloria a Dios Padre, al Hijo y al Espíritu Santo, como era en el principio, ahora y siempre, por los siglos de los siglos».

El libro del Apocalipsis (7, 12) nos dice: «La bendición y la gloria y la sabiduría y la acción de gracias y la honra y el poder y la fortaleza, sean a nuestro Dios por los siglos de los siglos. Amén». ¿No compruebas que, cuando repites estás fórmulas, la paz empieza a inundarte? Porque te centras solo en Él, solo Él, solo Él.

Y así, acudimos, casi sin darnos cuenta, al Espíritu Santo, que es el que te hace santo, porque Él es el único Santo, y ni tú ni yo, sin Él, podemos nada. Solo Él da la santidad. Escuchamos la voz del Espíritu de Cristo.

El Espíritu de fuego

La tradición cristiana nos ha legado una hermosa oración que puede sernos de mucha ayuda:

«Espíritu de Dios, llena mi alma, llena mi vida, llena todo mi ser. Lléname de ti, lléname con tu presencia. Ven, Espíritu Divino, ven y lléname de tu amor. Ven y haz en mí tu voluntad. Guíame, ilumíname, consuélame. Que tu luz brille en mí y me conduzca siempre por el camino de la verdad. Amén» (Recopilación de devociones carismáticas).

La mismísima Real Academia Española de la Lengua reza, antes de empezar sus reuniones, la hermosa invocación latina *Veni, Sancte Spiritus, reple tuorum corda fidelium, et tui amoris in eis ignem accende* (cfr. *Misal Romano*). Que traducido significa: «Ven, o Santo Espíritu, llena nuestros corazones y enciéndelos con el fuego de tu amor».

Acudimos al Espíritu Santo para escuchar su voz, pero sobre todo para que limpie todas nuestras miserias. Al Espíritu Santo suele representárselo como fuego. Y el fuego puede ser esa sensación de calor de hogar (imagínate una cesta de gatitos en lo alto de un radiador... esa) al lado de una chimenea, en una casa de madera en invierno, sentado en tu sillón... y te quedas *eclipsao*, obnubilado, viendo esas formas caprichosas de las llamas y el crepitar de la madera. Estás en casa, seguro, tranquilo. Estás en la casa del Padre. (¡Oye, ten cuidado que te vas a quedar dormido leyendo!). No hay angustias, miedos, preocupaciones.

Pero también puede ser el Espíritu ese fuego devorador que arrasa con todo, con tus miserias, tu envidia, tu soberbia... Ahora, el fruto de la posesión del Espíritu Santo en nuestra alma es la alegría, la paz, la magnanimidad... «Ven, Oh Espíritu Divino, y arranca, purifica, arrasa, quema todas mis miserias, pecados, infidelidades, perezas, enfados, agobios, soberbia, miedos, ¡todo!, deja mi alma limpia y libre para que Tú la habites».

Pídele al Espíritu Santo sus 7 dones en plenitud (cfr. *Catecismo de la Iglesia Católica*, nn. 1830-1831): La sabiduría, para ver las cosas desde el punto de vista de Dios. El entendimiento o *inteligencia*, que te facilita comprender las verdades de la fe. El consejo, para discernir lo correcto y lo incorrecto en la vida. La fortaleza, que nos da la fuerza necesaria para enfrentar las dificultades y desafíos. La ciencia o conocimiento, que te permite conocer y comprender la creación con los ojos de Dios. La piedad para amar a Dios como un padre, y una devoción y respeto profundo por todo lo que es sagrado. Y temor de Dios, que nos inculca un profundo respeto y reverencia hacia Creador y la convicción de que lejos de Él todo es tiniebla.

¡Misericordia, Señor!

Así pues, en la oración, primero alabamos. Después acudimos al Espíritu Santo y, acto seguido, procuramos acallar nuestras pasiones. El problema en la oración no son solo las distracciones de la cabeza, sino las de la tripa también: nuestras pasiones. Tenemos alterados los sentimientos y la emotividad. Muchas cosas bullen en la cabeza e inquietan el corazón. No significa que siempre vayamos a rezar *hipernerviosos* o *superangustiados*. Pero habitualmente hay mucho ruido a nuestro alrededor y ese es el principal enemigo de la oración.

Te propongo ahora acudir al Corazón Misericordioso de Jesús para que sea Él quien acalle el ruido que producen, sobre todo, nuestras pasiones: alegrías, tristezas, deseos, miedos y preocupaciones.

Quizá te sorprenda esto: «¿Cómo que tengo que callar mis alegrías o mis preocupaciones? Si es precisamente esa la materia de mi oración, ¿no?». Sí, pero todavía no, hasta que estés recogido, tranquilo, realmente consciente de que estás delante de Dios, no, aún no toca hablar de lo tuyo. Además, Él ya sabe todas tus cosillas, tranquilo, ya las discutiremos con Él, pero si no estás en unión con Dios (entiéndeme, la que se puede alcanzar en un momento y circunstancias determinados), solo serás capaz de ver tus cosas con tus ojos, no con los de Él también. Y esas pasiones pueden difuminar la imagen y la voz de Dios, tergiversarla un poco.

¿Recuerdas cómo cuentan los evangelistas la alegría de los discípulos cuando, después de resucitar, Jesús les visita? ¿Lo recuerdas? ¿Tienes la imagen en la cabeza? Cristo entra al lugar donde están reunidos sus amigos y les dice: «Paz a vosotros» (cfr. *Juan* 20, 19-23). Porque la señal de que Cristo nos posee es la paz en el alma. Donde no hay paz, ahí no puede estar Dios.

Aunque estallen las tormentas a nuestro alrededor o por encima de nuestras cabezas, cuando rezamos de verdad, hay paz. Llevamos las cosas con paz, en general; aunque a veces nos pongamos nerviosos. «Paz a vosotros», les repite Jesús. Y a sus amigos se les va la cabeza: «¡Un fantasma!». Se agitan como locos. «¡Pero si es Él!», dice alguno de pronto. Y otra vez como locos, pero en esta ocasión, por otro motivo. Y Jesús tiene que volver a repetirles: «Pero *chiquillos*, paz a vosotros, tranquilos!».

Porque incluso la alegría, la emoción de una buena noticia puede dificultarnos ver a Dios. Es una pasión muy positiva. Venimos alegres a la casa del Señor. Pero tenemos que calmarnos, para que Dios sea realmente el centro.

¿Y el miedo, las preocupaciones? ¿Cómo voy a dejar todo eso de lado? ¿Recuerdas a María Magdalena? ¿Cómo estaría por dentro cuando fue corriendo como una loca, despeinada, llorando, hasta el sepulcro? (cfr. *Juan* 20, 1-2 ss). «¿Dónde está mi señor, quién me lo ha robado?», grita, cuando ve a unos desconocidos frente a la puerta de la tumba donde enterraron a su Maestro.

Y entra, como una loca, porque está loca de amor, a ver dónde lo han puesto. ¡Y ahí ya no está su Amado! Y ve a los dos pedazo de ángeles, ahí, con sus grandes alas brillantes, todo de blanco, y ella no se entera. «¿Dónde lo habéis puesto?», repite desconsolada. «¡Que no!, que ya no está aquí», le responden los ángeles, e intentan explicárselo. Pero ella no atiende ni entiende nada. Nada de nada.

Tiene que venir el mismo Jesús y ella, cegada por la intensidad de su dolor y su amor, todavía no es capaz de verlo. ¡Lo tiene delante y no lo reconoce! Pero le dice: «Si eres el hortelano, dime dónde lo has puesto y yo voy a buscarlo». Y Él,

Jesús, tiene que ponerse firme: «María», dice a la mujer.

Y entonces a ella se le abren los ojos: «¡Maestro». A ver, contado aquí y escrito en el evangelio puede parecer algo tranquilito, pero me gustaría que te lo imaginases *in situ*.

Yo me imagino a Jesús alzando la voz con firmeza y un poco de hartura: «¡MARÍA!, ¿quieres calmarte?, ¡soy yo!». Y ella cae en la cuenta: «¡Aaahh, Maestro!». Y apasionada como es, se lanza a los pies de Jesús, y de nuevo tiene que decirle Jesús (más o menos): «¡Chiquilla, estate quieta, tranquilízate, no me toques, mujer, para!» (cfr. *Juan* 20, 11-16).

Esta mujer santa cae en la cuenta de lo que está sucediendo cuando el Señor calma toda su angustia y miedo, y amansa sus hermosas pasiones. Calma, calma, calma, tenemos que calmar nuestros miedos, y todo lo que amamos o sufrimos para ponerlo a los pies de Cristo. «Señor, ahora esto no, ahora no; ahora estoy contigo. Tú eres lo importante, el Importante. Yo quiero estar contigo, descansar contigo, solos tú y yo».

Confío en Ti, Señor

Esta oración es el compendio de todo, ¿no crees? Pídelo: «Oh Jesús, ten misericordia de mí, atenúa mis pasiones, yo solo no puedo, confío en ti, confío en ti». Y a nuestro Señor Jesús se le derrite el corazón con esta muestra de confianza.

Repíteselo, aunque a veces solo lo digas con los labios y en tu corazón aún tengas miedo: «Jesús, confío en ti. Lo veo todo muy negro. Esto huele a cuerno quemado, pero confío en ti. No veo nada, no sé cómo será el futuro y me agobia. No encuentro el remedio, pero sé que tú eres todopoderoso, y me amas con locura e incondicionalmente. Sé que no te olvidas de mí, que no te equivocas, que eres bueno y jamás permitirías que el mal me sobrepase. Por eso lo acepto, quiero todo porque Tú lo quieres o permites. "Todo es bueno para aquellos que aman al Señor" (cfr. *Romanos* 8, 28), y todo es todo, no solo lo que llego a comprender; todo».

La oración de alabanza auténtica consiste en comprender que, por Cristo, todo es bueno para aquellos que confían en Dios. Por eso, lo alabo yo. La oración, en resumen, es pura alabanza porque, incluso en el caso de lo que parece objetiva y humanamente malísimo, todo es querido o permitido por Dios.

Dios es todopoderoso, si no, no sería Dios. Dios no se equivoca, no tiene fallos. Tú puedes pensar: «Sí, son palabras muy bonitas, pero perdóname, lo que ha pasado en mi familia no tiene nombre. ¿Es que Él no estaba atento? Quizá Dios estaba pendiente de la guerra en Ucrania y se ha olvidado de mí». «Ay sí, se me ha pasado, perdóname, hija, es que te he dejado *solica*», parece que se excusa Dios.

Y no es así, no. Él nunca se olvida de ti, no se olvida nunca de ninguno de nosotros. No puede. «Tengo mucho trabajo, se me ha pasado este problema o esta enfermedad, lo siento, hija». ¡Que no!

Dios sabe todo. Pero nosotros, a veces, caemos en la tentación de creer que tenemos que controlarlo todo directamente. Es la consecuencia del pecado original en cada uno. Queremos saber el para qué y el porqué de nuestra existencia. Cuando, como decía el filósofo Sócrates, la mayoría de nosotros solo puede llegar a saber que no sabe nada (cfr. Platón, *Apología de Sócrates*).

Si Dios se te aparece en persona y te dice: «Mira, esta enfermedad va a durar tres años, pero a cambio vas a llevar al cielo a ocho millones de personas»; o «Me ayudarás a terminar con esta guerra. ¿Estás dispuesta estos tres años a sufrir la dolencia?». «Sí, sí, Señor, por supuesto que lo hago».

Parece fácil, pero Dios no actúa así. A nosotros nos gustaría que así fuera, tener las coordenadas claras para aceptar el dolor y la contradicción. Pero para nosotros, humildes criaturas, Dios es misterio. «Dios no es algo de lo que podamos disponer, no es un objeto que podamos manejar, sino la realidad más real que, no obstante, rebasa enteramente nuestra capacidad de abarcarlo [...]» (Ratzinger, *Introducción al cristianismo*).

Y si supiéramos con antelación lo que va a ocurrir o cómo sucederá, no seríamos libres o no seríamos capaces de soportarlo. O no lo haríamos por amor a Dios, sino por utilidad, porque me *renta*, me compensa.

A Dios, como sucede muchas veces con tu pareja si estás casado, no hay que entenderle, hay que amarle. Principalmente porque no podemos entenderle. «No te entiendo, pero te amo porque eres así, y eso me gusta». Así es el amor verdadero. Te quieren por lo que eres, no por cómo eres.

Dios te ama por lo que eres: «tú». No por si cumples o no una serie de normas y preceptos; no por si vas a Misa o no. «Porque eres mi hijo y ya está». La inmensa mayoría de hombres y mujeres casados con hijos entiende perfectamente este tema. «Y no hay más, así que relájate, hijo mío». Si Dios te quiere y te bendice, es que está continuamente pensando cosas buenas de ti y para ti. Bendecir es precisamente eso. Por ello, todo lo que ocurre, todo, es para bien, *omnia in bonum*, en latín. Todo es para el bien de aquellos que aman al Señor.

«Vale, pues confío en ti», le dices por fin a Él, «y sé que todo lo que va a ocurrirme, lo que me ocurre ya, está en tus planes. Pero comprende que a veces me enfade contigo». Enfadarse con alguien también es signo de confianza, como se enfadan un niño o una niña pequeños, que tienen derecho a hacer pucheros.

Pero luego vas y dices: «Jesús, perdóname, confío en ti. No me sale, sigo teniendo el nudo en el corazón, pero quiero confiar en ti». Ya está, ya está. Al Señor se le cae la baba, se le ponen los ojos como los del gatito del Gato con Botas, como los dibujos japoneses con esos ojos como paelleras.

Ese «confío en ti», tan de hijo, hace que Cristo se vuelque. A veces no enseguida, porque Dios tiene sus tiempos y nosotros, los nuestros. O a veces te responde algo que no es lo que tú quieres. O resulta que no se soluciona lo que pides. O pasa que no pasa nada.

Alabar a Dios, abandonarse y confiar no es una estrategia para «ablandar» a Dios y que se cumpla lo que yo quiero. Así volvemos a estar nosotros en el centro de nuestra oración y a Dios lo utilizamos como supremo instrumento de nuestra voluntad. Un importante paso en nuestra oración es apartar los ojos de las circunstancias y, en su lugar, mirar a Dios. Me parece más necesario orar para conocer la voluntad de Dios en nuestra vida y dejar de centrarnos en que cambien las circunstancias de nuestra vida.

Ojo, a ver, claro que hay que seguir pidiendo, y no dejes de hacerlo nunca, por las cosas que quieras que cambien, enfermedades, circunstancias dolorosas, cuestiones buenas para ti y los tuyos, ¡claro que sí!, pero no te olvides de añadir al final, como hizo Jesús: «pero no se haga mi voluntad, sino la tuya» (*Lucas* 22, 42).

«Yo te alabo y confío, Señor, por ser quien eres y porque me amas con locura y acepto todo como venido de tu mano» y no porque me haces lo que pido o me haces experimentar cosas bonitas, que también; sino que vengo a Ti para estar contigo y conocer tu voluntad.

2. ENTREGAR

Conocer Su voluntad, ese es el objetivo de la oración, si no, ¿a qué vas a rezar? Pues en este paso te animo a decírselo al Señor.

Puesto delante de su divina presencia y alabado y bendecido su nombre, puedes hacer ahora un acto de entrega. Cuando vas a la oración, vas a escuchar a Cristo, a saber cuál es la voluntad de Dios para ti. Pero no lo conseguirás, si antes no abres el corazón y le dices: «¿Qué quieres de mí?, ¿qué hacemos Tú y yo hoy?». Puede que en ocasiones vayas a la oración a ver si consigues arrancarle al Señor lo que tú quieres. Pero esa no es una relación de confianza. Es un trueque. Aunque el Señor lo acepta en ocasiones y a veces se deja convencer, porque es muy bueno y muy padre.

El mejor camino es la entrega de todo lo nuestro en sus manos. Que Él te lleve por el camino que quiera, pero porque le has entregado toda tu vida. Puedes hacerlo, por ejemplo, con esa hermosa oración dirigida a María: «Oh Señora mía, oh Madre mía, yo me ofrezco enteramente a Vos, y en prueba de mi filial afecto (afecto, cariño filial, de hijo) os consagro en este día mis ojos, mis oídos, mi lengua, mi corazón...».

Entrégate a Él. No vayas con tus cosas primero, sino con un «todo para ti, Señor. Te ofrezco todos mis pensamientos de hoy, todas mis palabras, todos mis deseos; todas mis acciones, mis pasiones, mis tentaciones; todos mis pecados, sí, todos mis pecados; todo, todo, todo para ti; todo mi ser: cabeza, corazón, voluntad».

Cuenta la tradición que en el corazón del desierto de Siria, bajo el ardiente sol y en la soledad de su cueva, vivía el monje san Jerónimo. Meditaba con fervor las Sagradas Escrituras y entre otras cosas fue el autor de la traducción conocida como *Vulgata*, el texto de referencia de la Biblia y el Nuevo Testamento que se usa hasta nuestros días.

Su vida estaba marcada por el ayuno y la oración. Los años de sacrificio y estudios lo habían convertido en uno de los grandes eruditos de la época, pero su alma no hallaba descanso. Jerónimo sentía la constante lucha entre su ansia de conocimiento y la humildad que Dios le pedía.

Una noche, agotado tras horas de penitencia, el santo cayó en un profundo sueño. En su visión, Cristo apareció ante él.

—Jerónimo —dijo Jesús con voz suave—, ¿qué tienes para ofrecerme?

El santo se arrodilló. Repasó su vida de entrega como eremita.

—Señor, te ofrezco mis ayunos, mis estudios y mis traducciones —respondió—. Todo lo he hecho por ti.

Pero Cristo lo miró con ternura.

—Jerónimo —dijo Jesús—, no quiero solo tus ayunos ni tus estudios. Quiero más.

Confundido, Jerónimo buscó algo más que ofrecer.

—Te ofrezco mi vida entera, mis sufrimientos y mi lucha contra el pecado —contestó.

Jesús le sonrió con compasión.

—No, Jerónimo, lo que quiero de ti son tus pecados, esos sí son todos tuyos.

Jerónimo quedó atónito. ¿Cómo podría el Redentor desear lo que él consideraba lo más indigno de sí mismo? Entonces, el santo comprendió: Jesús deseaba todo de él, incluso lo que más le avergonzaba, para redimirlo y sanarlo. Jerónimo, con lágrimas en los ojos, ofreció humildemente sus pecados y su alma se aligeró (anécdota atribuida a san Jerónimo).

Haz como san Jerónimo y verás cómo cambia la perspectiva de tu día. Nuestro Señor rezaba muchas veces de madrugada. Porque por la mañana encauzas el día. ¿Yo, para qué me levanto? ¿Para qué? ¿Para correr de un lado a otro como pollo sin cabeza? No. ¿Por qué corro? Para dar gloria a Dios. Por tanto, ¿para qué correr? Ve despacito. Frena un poquito y mira, mira al cielo. Bueno, a las nubes no mientras corres, que te la pegas. Pero sí al cielo.

Si vas concentrado en tus problemas, físicamente miras para abajo, al suelo, donde todo es gris. Miras tus zapatos y el mundo pasa demasiado rápido. Levanta la vista, mira un poco más allá y verás caras. Intenta sonreír o mirar a los ojos de los demás; contempla esos rostros y el cielo, que a lo mejor hoy puede que esté gris, vale, pero también es bonito. Tu mirada manifiesta entonces esa *soberbia buena*, ese orgullo sano de saberte y sentirte hijo de Dios. Qué más da lo que pase (cfr. San Josemaría, *Forja,* nº 281).

Miedo a Dios

La vida es un cúmulo de momentos que puedes aprovechar para dar gloria a Dios; momentos para estar con Él; lo que toque ese día. Entrégale toda tu vida: deseos, ilusiones, sentimientos. «Todo para ti, Señor, todo lo que tú quieras, dime, aquí estoy, aquí estoy porque me has llamado». Entrégale tus palabras, tus actos, tus omisiones, incluso tus pecados, sin miedo a Dios.

A veces pienso que a Dios, cuando empezamos a tratarle, podemos llegar a tenerle un poquito, o un mucho, de miedo. No acabamos de confiar en Él. En ocasiones, yo se lo digo: «Jesús, te tengo miedo». Lo he visto cuando he tratado sobre todo con gente joven: «En el fondo no hago oración porque no vaya a ser que me pida algo que no quiero darle. ¿Cómo le voy a decir que no a Dios?».

Pues no tengas miedo. Díselo, dile también «que no». Si es tu Padre, no pasa nada. Dios no puede habernos hecho el regalo de la libertad y después esperarnos con un palo para atizarnos si no obedecemos a sus órdenes. Dios nunca impone.

Hay quien piensa que la santidad es una espiral ascendente de sacrificios, renuncias, rezos interminables. Hasta que nuestra vida se convierte en un holocausto, una muerte en vida. Si tu imagen de santidad es la figura de *san Epulciano de Sagarmina* que hay en tu parroquia, con su sayón de esparto negro, con su pelado hecho con un tazón de cereales puesto en la cabeza, mirando al cielo con un hacha clavada en el pecho y henchido de amor... puf, no, por favor, ahí no llego.

Claro, si tienes esa imagen, no querrás ser santo: «yo me conformo con ser *normalico*». Si tuviese que imitar «de pe a pa» a san Epulciano, yo tampoco querría. Entregarse parece lo mejor de lo mejor. Dios está contento conmigo cuando hago tantas y tantas cosas, hasta la extenuación.

Entonces parece que Dios me dice: «Muy bien, hijo».

¡Pues no! Aunque no hagas nada en la vida, aunque seas un inútil, no pasa nada. ¡Si es que a Él le da igual! Entiéndeme bien, con eso de que «da igual». Todo en esta vida requiere esfuerzo, y esforzarte vas a tener que hacerlo, te apetezca o no, y quieras ser santo o no. ¡Pero es que eres su hijo!

La idea de que Dios es muy bueno es incompatible con que le veamos como un ser castigador, hierático, con la mirada fija de un sicópata y los ojos como llamas de fuego; no es como los dioses de Grecia o Roma, juzgadores, pendencieros, tiránicos y volubles que «¡madre mía, me van a aplastar con uno de sus rayos!, porque me he escapado de su control o les he robado el fuego», como le ocurrió al pobre Sísifo (cfr. Homero, *Odisea*).

Ahora bien, que Dios sea bueno y misericordioso no significa que sea solo un abuelito encantador con mofletes rosados y mirada cándida. Dios no es un personaje amable de una peliculilla mala de Navidad, alguien parecido a esa figura de Papa Noel que nos venden. Papá Noel, Mary Poppins, la abuelita que cocina galletas de los cuentos o Mickey son personajes amables y encantadores, pero yo no daría mi vida por ellos.

Cristo presenta una personalidad arrolladora, nada blandengue o simplemente amable, te atrae, te lleva a plantearte, claro que sí, cambios en tu vida, a llegar a decir: «Yo por ti y contigo, voy a donde me pidas. Cristo es pasión, rebeldía, vida, aventura, entrega, locura».

Dios ni es un ser amenazante ni un ser solo amable. Él ha venido a la tierra no para juzgarte y condenarte, sino para salvarte (cfr. *Juan* 12, 47). Ha bajado del cielo para entregarse por ti, para servirte, para limpiarte los pies, como hizo con san Pedro (cfr. *Juan* 13, 1-17).

¿Recuerdas la escena? Durante la última cena, el apóstol Pedro le contesta a Jesús, cuando este intenta lavarle los pies: «A mí no me limpias los pies»; y Él le responde: «Como no te los limpie, no tienes parte en mi reino». El discípulo exclama entonces que, si así es, puede limpiarle los pies, la cabeza y todo lo que haga falta. Pedro ama a su manera, pero ama; y Dios solo quiere amar y ser amado.

Pues a ti, lo mismo: Dios no ha venido para juzgar al mundo, sino para salvarlo, para servirte, para agacharse, limpiar tus pies, perfumarte, peinarte con la raya bien hecha y darte un beso grande, como hacía tu madre de pequeño. Lo mismo que tenemos que hacer nosotros con todos nuestros hermanos.

¿Y si yo no quiero dárselo?

Volvamos a la imagen del sol. ¿Qué pasa si te acercas mucho al sol? Te quemas. ¿Qué pasa si yo empiezo a rezar y rezar y cada vez me acerco más a Dios? Pues que me va a pedir todo. Y ese todo lo identifico siempre con celibato: me va a pedir que sea monja o cura, claramente. No se lo va a pedir al colega que pasa olímpicamente de Dios y le atiza al anís del mono con fruición desmedida.

Este es un miedo universal a Dios que creo que es muy doloroso para Él. Que pensemos que Dios nos va a pedir cosas que nos superan o que tendremos que ser todos monjes, como el no va más de una vida entregada a su servicio.

Me decía una chica joven cuando hablábamos de este tema: «Pero es que yo quiero ser madre!». Y le respondí: «¿Pero quién crees que ha puesto ese anhelo en tu corazón?». Dios no quita nada, Dios quiere exactamente lo mismo que tú, que seas feliz, junto a Él, lo que no significa decir siempre, hablando mal y pronto, que no te vayas a casar.

Tu vocación tiene algo de alud arrollador que te empuja, te atrae, que da vértigo, claro que sí, como entregar tu vida por entero a un hombre o una mujer, para siempre: no estarás totalmente seguro, no sabrás qué cosas os sucederán juntos, pero te lanzas, hay algo que te lleva a decir «sí». En el celibato ocurre lo mismo, claro que da vértigo, pero Dios te atrae de manera irresistible y ves que solo Él te llenará los deseos grandes de tu corazón sin intermediario alguno.

Acabo de decir que te atrae de manera irresistible y no es cierto del todo. Puedes resistirte todo lo que quieras, Él nunca obliga. Y oye, puedes decirle que no. Y ya está. Y aquí viene otra imagen tergiversada de Dios. Como le digas que no, prepárate. Si tu vocación era ser monja y te casas, tendrás una vida horrible, tu futuro marido te dejará, tus hijos serán drogadictos, te quedarás sola y sin trabajo. Ala, todo junto.

Pues no, sería incongruente, ¿no crees? Que Dios nos regale la libertad, pero luego nos castigue si no le obedecemos, no me cuadra.

Yo suelo utilizar la técnica de san Agustín: «Pídeme todo lo que quieras, pero dame lo que me pides» («Da quod iubes et iube quod vis», *Confesiones de San Agustín*, Libro X, capítulo 29). Cuando veas que Él te está sugiriendo algo sobre tu vida y tú no te sientes con fuerzas, díselo: «Mira, Jesús, esto que parece que me pides yo no lo veo, no puedo; así que, si realmente es tu voluntad, hazlo Tú, dame luz para ver y fuerza para hacerlo».

Déjalo en sus manos y continúa. No cometas el error de ir poco a poco rezando menos, porque empieza a obsesionarte un tema y piensas que estás siendo cobarde y al final, quizá lo has comprobado, dejas de rezar y te alejas de Dios.

Santa Teresita de Lisieux, en *Historia de un alma*, decía que para ser santos solo hace falta desearlo (cfr. *Manuscrito C, 2v*). Dios hace el resto y nos aúpa en sus brazos como se hace con un niño. Porque siempre hay cosas que tú sabes que yo deseo pero que no puedo o no sé entregarte. No me sale. Puede haber algo que en tu corazón sepas que Dios te pide, pero que no te sale. Deséalo. Encárgaselo a Él.

Sin miedo a Dios, podemos decirle con toda paz: «Quiero ser todo tuyo, Señor, hacer solo y en todo lo que tú me digas». Como decía Juan Pablo II, todo tuyo, todo y solo tuyo. Da igual lo que puedas o no puedas. Él ya lo sabe. Conoce tus deseos y tus limitaciones.

Padre nuestro

Antes de continuar con el tercer paso, quisiera hacer un pequeño paréntesis para comentar la oración del Padrenuestro. Fue un regalo del Señor, una buena idea, cuando una vez más estaba dándole, de nuevo, mil vueltas al pensamiento cansino de que esto de difundir un método propio de oración no terminaba de convencerme; que era algo personal y que cada uno hiciera oración como el Altísimo le diera a entender, nunca mejor dicho.

Pues mira, fíjate en el Padrenuestro, una oración que no nos hemos inventado los hombres. Es la plegaria que nos enseñó el mismo Señor. Y en ella, me parece a mí, podemos ver algunas de las ideas que te estoy contando.

De buenas a primeras, Jesús no nos pone a pedir cosas a Dios. Empezamos a rezar diciendo: «Padre nuestro», unas palabras que ya nos introducen en un entorno de confianza, de intimidad; «que estás en el cielo», prosigues. Y Dios, que te quiere, te obliga a levantar la vista sobre el mundanal ruido para dirigirla hacia Él, que es tu Padre.

Levantamos la mirada, nos centramos en Él. «Miramos y nos dejamos mirar», como decía que hacía el campesino feligrés del santo Cura de Ars, cuando entraba a rezar en la iglesia parroquial del pequeño pueblecito francés. Deja de mirarte a ti mismo, a tu entorno y tus circunstancias. «Santificado sea tu nombre». ¿Ves la alabanza?: «Santificado sea tu nombre. Bendito sea tu nombre, y glorificado seas, Señor».

El nombre de Jesús es poderoso, muy poderoso. «Señor, danos más fe», le pedimos, porque en su nombre se hacen portentos, milagros. Nuestros primeros hermanos en la fe, Pedro y los demás apóstoles, y los primeros discípulos y los cristianos del principio, tenían ese convencimiento absoluto.

Lo vemos reflejado en los Hechos de los Apóstoles. «No tengo ni plata ni oro, pero lo que tengo, te doy. En el nombre de Jesucristo Nazareno, levántate y anda» (*Hechos 3*, 6). Y el paralítico se levanta y anda. Haz todo en su Nombre, pronuncia con fe su Nombre, acude a Él ante el miedo o la angustia: «Jesús, Jesús, Jesús».

«Venga a nosotros tu Reino». «Ven a mí, Señor». Es una actitud sobre todo receptiva. No se trata de asaltar el cielo a fuerza de brazos. Hay que agarrar la mano que nos tienden desde arriba, la escalera que nos lanzan desde las alturas. El esfuerzo de la subida en uno y otro caso es, probablemente, el mismo. Pero el resultado es diferente.

En el «venga a nosotros tu Reino» está incluido el «ven, Espíritu Santo. Llena mi corazón. Ilumina mi entendimiento». Conseguimos así ser «poseídos por el Bien».

Y llega la hora de la entrega: «Hágase tu voluntad, en la tierra como en el cielo». ¿Cuántas veces rezamos el Padrenuestro diciendo esto, pero no lo deseamos en verdad? «Ay, sí, que se haga tu voluntad así en general, para el universo, pero en mi caso... que se haga la mía, ¿eh? Consígueme esto, quítame lo otro, que salga lo que yo quiero».

Un poquito de trampa es esto, ¿no? Convéncete de que lo mejor de lo mejor que puede ocurrirte en tu vida y en la vida del mundo es que se haga lo que Dios quiera, que se cumpla la voluntad del Padre. Yo me conformo, Señor, con no estorbar nunca tu divina voluntad, dejarme hacer y, a través de mí, que Tú hagas.

Luego ya, en la segunda parte del Padrenuestro, ahí sí vienen ya nuestras cosas, nuestras peticiones, deseos, agobios... En ellos entramos ahora con el siguiente paso de la oración.

3. ESCRIBIR

Llegamos así a la tercera parte de este método de oración. La de escribir todo lo que pasa por tu cabeza y tu corazón cuando rezas. Quizá tú estás acostumbrado a pensar cuando rezas, y este sistema puede sorprenderte. Pero funciona, te lo aseguro.

Coge papel y boli, bueno, si no tienes, escribe en el móvil, pero no olvides que es uno de los peligros más grandes de la oración, tener el móvil al lado. Yo te recomiendo una libretilla con un bolígrafo acoplado.

Mira, puedes pensar que soy un exagerado, pero si tienes el móvil al lado, ten por seguro que en el momento en que empieces a tener recogimiento (esto no es científico, pero ese momento sería cuando puedes mantener el silencio interior unos 10 o 15 segundos sin que te asalten ideas peregrinas), cuando estés recogido, digo, te van a surgir urgencias improrrogables: «Solo es un momento, miro el WhatssApp solo para saber si ya me ha respondido fulanita, no lo abro».

Solo voy a ver el móvil para mirar la página web de la Conferencia Epsicopal, que han subido un documento fundamental. Es para mirar una cita de la Biblia... y entre que entras en la Biblia *online*, que dudas si es católica o no, y miras otras fuentes y en la Wikipedia quién era Lutero, «esto es religión, no me estoy saliendo de la oración», que intentas volver y te acuerdas de que: «¿Y si en Shein venden escapularios?»; toootal que acabas comprando en Amazon un aparato para limpiar el coche y ya, si eso, acabas la oración.

Deja el móvil bien lejos un ratico, que no te va a pasar nada. Lleva tu libreta con boli incorporado y un libro por si acaso, pero solo por si acaso. Empieza, como ya hemos aprendido, a alabar a Dios, pon el corazón en Cristo, acude a su Espíritu, entrega tu día. Y escribe todo eso, poco a poco, no solo escribas propósitos o alguna que otra idea; todo.

Es una cuestión primariamente de recogimiento. Cuantos más sentidos intervienen en una actividad intelectual o espiritual, el recogimiento es más sencillo de alcanzar. Hay menos lagunas en nuestra cabeza y corazón.

Cuando escribes, estás más concentrado con todas tus capacidades personales: inteligencia, voluntad, pasiones, sentimientos. Mira, si tú le dices a Jesús: «Te quiero» o «gloria a ti, Señor», tardas en decirlo unos dos segundos; si lo pones por escrito, tardas cinco. Te recreas en la faena y, como comprobarás, te distraes menos, el hilo conductor de tu oración se mantiene con más facilidad.

Está demostrado científicamente que escribir a mano refuerza la atención en el lenguaje, ayuda a la memoria y el aprendizaje y te ayuda a ordenar tus pensamientos.

Por eso te animo a que escribas todo lo que se te ocurra en la oración. Tampoco hace falta que te empeñes en redactar un *bestseller* o que pretendas pasar a la historia de los grandes escritores de espiritualidad. Es más, eso será una tentación: recrearte en la escritura, con tu super-pluma Mount Paradise Steelwater Pro Ultra II, o utilizando diferentes colores de bolígrafo, texturas de papel, intentando ser poeta por un día. Nada, nada, todo muy sencillo y normal.

Mil preguntas

Y entonces puedes empezar a hacerle preguntas. No solo te limites a pedirle por tus cosas, pídele consejo. Pregúntale: «Jesús, ¿qué hago con esta conversación pendiente?». «¿Qué puedo hacer con mi hijo, que me tiene loca?». «¿Cómo afronto este tema de trabajo?». «Estoy preocupado porque mi matrimonio… no sé».

No se trata solo de hacerle a Jesús preguntas muy profundas, radicales o *superteológicas*. No, no tiene por qué ser siempre así. También puedes preguntarle: «¿qué me pongo hoy?». «¿Por qué camino tiro?». «¿Tú qué opinas?». «Oye, de esto que he visto, ¿me quieres decir algo?». «Jesús, aquí me tienes, ¿qué quieres que hagamos los dos juntos?».

Y por supuesto, interésate por Él: «Buenos días, Jesús, ¿cómo estás?». «¿Qué tal has pasado la noche?». Yo le pregunto: «¿Cómo ha ido la noche ahí, por Australia, por el hemisferio sur, y por el otro lado, el que sea?». «¿Cómo ha ido la vida en el mundo mientras aquí dormíamos?».

Es un diálogo y, no lo olvides, Él es el importante. Ah y también, lógicamente, puedes hablar con María, así como hacía san Juan Diego: «¿Cómo estás, Niña Mía, Hermosa mía, cómo has amanecido hoy?».

Escribe en primera persona

Te animo, por tanto, a que le preguntes a Jesús y a que escribas lo que Él te dice. Pero la clave está en escribir *en primera persona* la respuesta que Cristo te da. Como si fuera Él el que está redactando. En este método de oración que te propongo, es, quizá, uno de los puntos que más cuesta. Pero ya te he dicho que tenemos que descentrarnos de nosotros para centrarnos en Él y dejarle hablar a Él. A ver, ¿tú crees que Dios te habla?, ¿pues qué problema tienes en poner por escrito lo que Él te dice?

Quizá me argumentes sorprendido: «Pero si soy yo el que escribo, son cosas mías las que escribo». No te creas. Si son cosas tuyas, te darás cuenta, estarás forzando la situación, comprenderás que eres tú inventándote un cuentecillo.

Porque este escribir de la oración no es redactar un diario preciosísimo, con palabras rimbombantes. No, no, no.

Tú alaba, adora y escribe tal como eres, listo o tonto, intelectual o sentimental, alto o bajo, gordo o flaco... No pretendas que la redacción te quede estupendísima y tu diario pueda exhibirse en una biblioteca, al lado de las obras completas de san Agustín, santo Tomás o Joseph Ratzinger (Benedicto XVI). No hacen falta florituras. Pero no es que no solo no hagan falta, si te engolas en tus propias palabras e ideas puedes terminar centrándote en ti y ya la hemos liado de nuevo; es una desviación de la atención que le debemos solo al Señor.

A pesar de las aparentes dificultades y la lógica duda, atrévete y pon lo que te venga a la cabeza, el corazón o las tripas, en primera persona, en su nombre, como si fuera Él el que escribiera: «Hijo mío, yo opino que..., creo que..., no te preocupes por eso..». Él te irá diciendo.

En la Santa Misa, al acabar de leer el Evangelio, el sacerdote dice «Palabra de Dios», y no «palabra de San Lucas o San Mateo o San Marcos o San Juan».

Lucas, Marcos o Mateo y Juan han escrito cada uno su evangelio, inspirados por Dios, pero desde su punto de vista, con su forma de ver las cosas y sus conocimientos de redacción. Narran lo que han visto y oído y se les ha quedado grabado, pero con sus interpretaciones personales y, a partir de lo que ellos, como personas particulares, entendieron y recordaron.

Por ejemplo, los recuerdos que Lucas compartió con la Virgen (cfr. *Lucas* 1, 1-2, 52). Por eso hay distintos puntos de vista e interpretaciones de una misma escena de la vida del Señor, contada de diversa manera según cada evangelista. Pues de manera análoga (y esta palabra es clave, *análoga*, algo parecido y, por supuesto, algo diferente) ocurre en la oración. Dios inspira tus pensamientos y palabras.

Sucede como en el milagro de la multiplicación de los panes y los peces (cfr. *Juan* 6, 1-15), donde un chiquillo lleva unos pocos pescados y unos panes, para hacerse unos bocadillo de sardina. No sé, podían haber sido de jamón, que es mejor; pero resulta que estaban cerca de un lago y que los judíos no comen cerdo, y por eso el chaval tenía panes y peces.

Ahora te pregunto: «¿Quién hizo el milagro de la multiplicación de los panes y de los peces?». Y tú me respondes: «Cristo». Pues no, el milagro fue obra del niño y Cristo, o de Cristo y el niño, si te parece mejor. Pero el niño también participa.

Dios, habitualmente y porque así le parece bien, actúa con nosotros y mediante nosotros. Igual sucede en la Santa Misa. La Eucaristía no la celebra solo el sacerdote; en la Santa Misa participamos todos como celebrantes, no con el sacerdocio ministerial del cura, pero sí con el sacerdocio común de todos los fieles. No lo digo yo, lo dice la liturgia: «Orad, hermanos, para que este sacrificio *mío y vuestro…*» (cfr. *Misal Romano*).

Ah, y otra cosa. Aquí no estoy hablando de nada extraordinario, de sucesos paranormales donde oyes una voz susurrante cerca de ti como en las películas de miedo: «Carolaain, Carolaain». O una voz profunda como la de Dar Vader: «Hola, muchacho, soy tu dios, apunta lo que te digo…». Nada de voces.

Tampoco notas cómo tu mano, de repente, se mueve sola y empiezas a escribir automáticamente como un *medium* o un poeta loco, ahí, todo ansiado, y venga a rellenar papeles de manera compulsiva. Nada de nada, todo es muy normal: empiezas a escribir, a pensar sobre la pregunta estando, eso sí, en presencia de Dios. Por eso es tan importante que dediques tiempo, y al principio será bastante, a recogerte, a ponerte en Su presencia.

Ven a verme

Y por cierto, cuando vayas entrando en intimidad con Él, notarás que te llama a su presencia sacramental. Te desea, yo diría que físicamente. Quiere que vayas a visitarle y hablarle junto al Sagrario, porque está muy solo, porque le encanta el contacto físico. ¿No lo has visto en el Evangelio? Le gusta estar con nosotros, tocar, dejar que le toquen. Toca los ojos del ciego de nacimiento, los oídos del sordo, la lengua del mudo (cfr. *Juan 9*, 1-7; *Marcos* 7, 31-37).

¿Y la Eucaristía? ¿Hay algo más divino y a la vez más humano? Te acuerdas, cuando chico, que tu abuela te agarraba la cara y empezaba una metralleta de besos mientras decía: «¡Ay, ay, te comería a besos!». Pues así hace Dios cuando deja que le comamos (cfr. San Josemaría, *Forja*).

Quiere estar tan unido a nosotros que físicamente (sacramentalmente) le podemos comer. Prefiere mil veces más estar dentro de nosotros que en un sagrario, por muy precioso, cuidado, adornado que sea, pero que no deja de ser una caja fría y oscura. Busca el calor de tu alma, tu cuerpo, tu espíritu.

Ve a verle todo lo que puedas

Bueno, después de este inciso, te resumo: escribe en primera persona lo que Él te diga a ti. Ten fe, porque te va a sorprender y sus sorpresas son increíbles. Cuando escribas en primera persona, notarás que las respuestas no provienen solo de ti. Es una de esas cuestiones del corazón, como decía el sabio Pascal (cfr. Pascal, *Pensées*, fragmento 277), que la cabeza puede que no llegue a entender, pero que tú sabrás que son absolutamente ciertas.

Escribe lo que te venga al corazón y te llegue a la cabeza y a las manos. Jesús: «¿Qué quieres decirme hoy?». Escribe sin pensar demasiado. Poco a poco, te sorprenderás del diálogo que brota. Comprenderás que, muchas veces, no son tus palabras las que pones en negro sobre blanco, sino las suyas.

Un ejemplo

Una chica de unos cuarenta años me dijo, la primera vez que lo intentó, que no se sentía capaz: «No soy capaz de escribir en primera persona. Me resulta muy extraño». Me explicó que ella sí podía escribir: «Yo creo que Dios me pide esto y aquello, pienso que debo ir por aquí, veo en la oración que no sé qué...».

Pero escribir: «"Hija mía", como si fuera Dios el que habla, me cuesta mucho». «Anímate», le dije yo, «pruébalo, verás cómo te sale».

Algún tiempo después vino y me anunció que iba a leerme lo que había escrito en la oración. Me emocionó. No recuerdo todas su palabras, pero la chica se llama María: «María, hija mía», me leyó de lo que había redactado, «¡cómo me gusta que estés conmigo! Pero me gustaría que vinieras a verme más, porque eres luz, mi luz».

Y digo yo: eso tiene que ser de Él, porque uno a sí mismo no se escribe: «yo soy mi luz». Esa forma de hablar denota un cariño inmenso, inmensurable. Quizá son solo unas gotitas al principio, pero las irás notando en la oración, percibirás que el aroma es de Él.

Fíjate qué distinta es la lucha por la santidad si, en lugar de decir: «Bueno, pues yo creo que debo mejorar mi trato con Dios en la Eucaristía; por eso voy a visitar más al Señor y a verlo más al sagrario», un propósito que va de ti hacia Él; sabes que a ti Jesús te ha pedido que vayas a verle, porque «eres su luz», porque le das luz cada vez que entras en una iglesia y le miras en el sagrario.

Es muy diferente que Él te atraiga como un imán, porque «eres su luz», a que con tu fuerza de voluntad vayas a Él. En tu oración, el Señor te atrae con ese tipo de llamadas.

4. CREER

El cuarto paso es creer. Creer en lo que has escrito, creer que es Dios quien te habla. Es un paso fundamental. La fe es la base de nuestra relación con Dios. Si no crees que Él te habla, difícilmente podrás escucharle. Todo lo que has escrito durante tu oración, tómalo con fe. Lee lo que has escrito y medítalo.

«Quien no se haga como niño no entrará en el Reino de los Cielos» (cfr. *Mateo* 18, 3; *Marcos* 10, 15; *Lucas* 18, 17). Esto es muy serio. ¿Hasta dónde te crees del cristianismo? A mí, en la vida, me va muy bien, en este sentido, creérmelo todo. Confiar como confían los niños (cfr. *Mateo* 18, 3). Y yo creo que Dios me habla, si no, ¿para qué hago oración? ¿A quién le hablo? ¿A una pared, a un ser mudo? ¿Al triste dios de los filósofos o de los dogmas?

¿Cómo sé que es Dios quien me habla?

Ya estamos. Queremos seguridades. Pues mira, con Él o aprendes a vivir un poquito en el misterio o no llegarás muy lejos. No hay una evidencia científica de que lo que escuches o escribas en la oración es, sin posibilidad de error, Palabra de Dios.

Dios no se impone

Un indicio de que es Él, es que te habla con mucho cariño, quizá como tú no te hablas a ti mismo en muchas ocasiones.

Recuerda que Dios siempre habla con amor. Si lo que lees te lleva a la paz, la esperanza y la alegría, entonces es muy posible que sea de Dios. Si te sientes inquieto, ansioso, con miedo, probablemente necesites más discernimiento. La voz de Dios siempre trae paz, aunque a veces nos desafíe a cambiar.

Él nunca se impone, no te dice: «Haz esto o lo otro, y ya está». «Como no lo hagas, irás al infierno. Me enfadaré».

Pensamos que Dios se comporta como nosotros, que nos enfadamos por los fracasos y nos frustramos con las desilusiones. Convertimos a Dios en espejo de nuestra nimiedad; y nos alejamos de Él.

Pensamos que se enfada. Estoy intentando hacer lo que me pide y como no lo hago, Dios se enfada. No, no es Él, eres tú el que te alejas. Él no se va a ninguna parte. Es más, va detrás de ti o, como mucho, si no le dejas que te siga, espera en vilo a que vuelvas, como esperó el padre del hijo pródigo (cfr. *Lucas* 15, 11-32).

«Bueno», parece que dice, «cuando quieras de nuevo, aquí estoy detrás de ti». Cerquita, porque Dios nunca se aleja en la medida en que tú te largas. Por eso, volver a Cristo no supone desandar un camino enorme. Es mucho más simple. Dices simplemente «Jesús» y Él ya está ahí a tu lado.

¡Si es que está siempre! Lo que ocurre es que se pone un poco por detrás de nosotros, unos pasos. Porque jamás va a violentarte ni a decidir por ti. No es cierta la idea de que, si tú te equivocas o no haces lo que te pide, Dios te manda un castigo (cfr. *Juan* 9, 2). Cada pecado tiene su propia penitencia y, si no amamos, sufrimos porque el corazón se nos marchita o se nos rompe. Dios no se impone nunca.

Dios no quita nada

Es un error pensar que entre dos opciones que estés hablando con Él, Dios escogerá siempre la más difícil, la que cueste más trabajo o la que te dé más miedo. No tiene por qué.

A veces Dios no se queda con lo que te pide. Lo que desea no es en sí lo concreto, sino tu total abandono y entrega. Me explico con un ejemplo tonto pero que me ayudó a entenderlo.

Desde pequeño, mi madre en ocasiones especiales me compraba en la panadería cercana a mi casa (que se llamaba, y aún se llama, Panadería La Gracia de Dios, ¡qué cosas!) unas palmerillas de chocolate que me encantaban.

Hace poco, ya con algunos añitos más, volví con mi madre y compramos una barra de pan y vi las palmerillas: «Aaay, mamá, cómprame una como cuando era niño!», y me la compró. Cuando llegamos a casa, dejamos en la cocina las bolsas del supermercado y la bolsa de la panadería, y, ¡oh desilusión!, no encontraba por ningún lado mi palmerilla. Me enfadé, me desilusioné y, como tercer paso, por fin, le dije a Dios que se lo entregaba, que si Él quería o había permitido que se nos olvidase la palmera en la panadería, pues nada, ese disgusto se lo regalaba a Él para lo que necesitase. Pues unos minutos después ¡mi madre sacó la palmera de su bolso!, por lo que sea, la había metido allí y no junto a la barra de pan.

Con la historia de la palmera, el Señor me enseñó que le encanta que le entreguemos nuestras pequeñas cosas, pero no siempre se las queda.

Es como ese dibujo que quizá has visto alguna vez de Jesús y una niña. Jesús le está pidiendo a la niña que le dé su último caramelo y la niña, lógicamente, está sufriendo y dudando porque se quedará sin caramelos. Lo que ella no ve es que Jesús tiene escondida tras su espalda una bolsa llena de caramelos, preparada para dársela en cuanto la niña le dé su último caramelo.

¿No crees que, si Jesús le mostrase a la niña el premio por su generosidad, la niña sin dudar se lo daría? ¿Y no crees que, si Él actuase así, la niña no se lo daría por amor o confianza a Jesús, sino porque le compensa y mucho?

Pues ala, aplícate esto a tu vida, a tu relación con Jesús, a tu oración, a tu confianza en Él, a lo que le quieres, lo que buscas, lo que estás dispuesto a dar.

Dios es un poco pesado

Deja reposar lo que escribas. Dios es paciente y suele ser pesadito, suele repetir lo que quiere. Cuando dudes, lo dejas y al día siguiente le preguntas otra vez: «Oye, Jesús, esto que me dijiste ayer es tuyo?». O espera más tiempo, no pasa nada. Bueno, tampoco te pases, no me seas remolón.

Dios habla a través de otros

Y por último, pide ayuda, claro. La gente con la que hablo que hace oración entiende plenamente el acompañamiento espiritual. Yo no dirijo la vida espiritual de nadie, porque el único director espiritual es el Espíritu Santo y la vida es de cada uno. Si tú hablas con un sacerdote o laico o persona consagrada sobre tu vida espiritual, no lo hagas de manera pasiva: «Hola: dime lo que tengo que hacer, ponme un propósito y yo lo cumplo».

Te animo mejor a que contrastes con tu director o acompañante espiritual lo que tú vas hablando con Dios en tu oración. Que le pidas consejo, le preguntes lo que opina de lo que te ha dicho Dios o no. Que te aconseje literatura para aprender o profundizar en aquello que Dios te ha dicho.

A propósito de estas últimas palabras «aquello que Dios te ha dicho». ¿Te sorprenden? ¿Te resultan extrañas? ¿Preferirías decir «He visto en mi oración que...»? De nuevo te estoy provocando, todo es matizable, lo sé. Solo para que lo pienses: ¿en tu oración, Dios te habla o tú ves cosas, tú sacas propósitos, tú reflexionas...?

Dios es divertido. Aprende a aburrirte con Él

Dios no utiliza un lenguaje rimbombante, excesivamente serio o solemne. No habla solo de religión o de cosas trascendentales. Es tan bueno que se adapta a ti.

Benedicto XVI decía que el sentido del humor es un don de Dios y forma parte de la creación divina. El sentido del humor es un signo de la grandeza y bondad del Señor.

En su libro *Dios y el Mundo*, explica que el sentido del humor es una parte importante de la vida cristiana. Es esencial que los cristianos no se tomen a sí mismos demasiado en serio; porque el humor muestra la capacidad de relativizar las dificultades y la humildad de reconocer nuestra pequeñez ante Dios. La capacidad de reírse, de tener humor, incluso frente a las dificultades, es una expresión de confianza en Dios y en su providencia.

La alegría cristiana no está reñida con las pruebas o sufrimientos, sino que nace de una profunda confianza en el amor de Dios.

Bueno, pues una vez dicho esto, me parece también fundamental aprender a aburrirte con Dios. Hacer oración, con frecuencia, es árido. Tratar con Dios implica también silencio, sequedad, cruz.

Podrás notar a veces a Jesús Resucitado, bonico, con olor a Vida, cercano, que te lleva en volandas. Y otras no lo notarás, y si lo notas, es crucificado, maloliente, dolorido, con sed, con sed de ti y tu sacrificio y tu entrega sin notar nada, ningún gustirrinín, sin que escribas palabras increíbles ni nada de nada. Seco como la mojama.

Pues amigo mío, amiga mía, ahí te quiero ver; sigue, sigue ahí al pie del sagrario haciéndole compañía. «Ay, no noto nada, no me funciona esto de escribir, lo dejo». Pues allá tú.

El progreso en la oración (habría que definir qué es progresar en la vida interior), el éxito de la oración no se mide por los efluvios que uno tiene, por la sensación de plenitud, o lo que sea que ocurra cuando uno termina. ¡No busques la productividad en la oración! No es instantánea.

Con tu constancia y perseverancia un día y otro, escribas o no, te endiosarás, te pondrás a tiro para que Dios te transforme y acabes viendo tu vida y gestionando tus días de manera cada vez más natural con Él, y no tú solo. No esperes siempre de Dios que te conteste instantáneamente, como ChatGPT en el móvil. Con frecuencia, Dios te hablará durante el día, en tu vida. A veces, en la oración tras preguntarle, te pondrás a escribir, pero otras, no. Esperas un poco, aplicas el entendimiento, sobrevuelas tu día o las personas sobre las que estés rezando y quizá Él ilumina un aspecto o te hace caer en la cuenta de algo. Por favor, no me cuadricules a Dios, no es pregunta-respuesta perfecta ideal, redonda, alucinante y emocionante.

Vida de oración, vida en el Espíritu

Una idea que se me ocurre para ejemplificar que Dios no da respuestas automáticas: con frecuencia, Dios responde con la técnica de «unir los puntos». ¿Te acuerdas, quizá no porque eres muy joven, de unos folios para pintar que nos daban de niños, donde aparecían puntitos numerados y tú los unías en orden con un lápiz, y te aparecía una silueta de un rinoceronte, un guacamayo o una farola?

Dios te habla con las cosillas normales de tu día y no solo en tu oración; y con el Evangelio que has leído por la mañana, un anuncio en un autobús, o una conversación con tu madre o el diálogo del capítulo de la serie que estás viendo; de pronto caes en la cuenta: «Aaah, esta es tu respuesta, Señor». Porque los puntos se unen al final. Al final los une Dios.

Así, no solo empiezas a entrar en caminos de oración, sino de contemplación. «Contemplativos en medio de mundo», que repetía continuamente san Josemaría Escrivá. Te das cuenta de que no se trata de «método» o «no método», sino que comienzas a tener *vida* de oración, contemplativo en medio del mundo y caes en la cuenta de que Dios está continuamente a tu lado hablándote. Te lo encuentras con un «dulce sobresalto», añadía san Josemaría en su homilía *Hacia la santidad,* que te recomiendo vivamente, junto con la de *Amar al mundo apasionadamente.*

CONCLUSIÓN

LA ORACIÓN INÚTIL

Quizá te sorprenda este título, pero siempre me ha gustado provocar así. Es como el amor o la belleza, que no son útiles. Entiéndase lo que quiero decir. Podríamos decir que Dios tampoco es útil, Dios es un fin en sí mismo. No uso a Dios para conseguir algo, no utilizo la oración para conseguir cosas, exclusivamente.

Siguiendo un criterio utilitarista, estaríamos de acuerdo con Franco Batiato, que dice en una de sus canciones: «Yo prefiero la ensalada a Beethoven y Sinatra; a Vivaldi, uvas pasas que me dan más calorías».

Pues algo así puede ocurrirnos cuando leemos el Evangelio. Ya dije al principio que los libros ayudan pero no hace falta abrirlos. Y si hay que abrir uno, abre primeramente el

Evangelio. Tú le cuentas tu vida a Dios y Él te cuenta la suya en el Evangelio.

Pero podemos cometer el error de leer el Evangelio como un libro de moralejas, de consejos que me da Jesús. Leer sus páginas y extraer conclusiones y propósitos de mejora. Ya estamos otra vez, intentando hacer cosas.

Por ejemplo, leo la parábola del hijo pródigo (cfr. *Lucas* 15, 11-32): «¡uy, qué bonito el perdón de Dios!... tengo que confesarme más». La parábola del joven rico (cfr. *Mateo* 19, 16-30): «Hay que ver qué poco generoso este joven... yo tengo que ser más generoso y desprendido de mis cosas». Y así otras.

Y no es que esté mal, pero te propongo que no reduzcas la maravilla de la Palabra, de la vida de nuestro Señor a un conjunto de normas o recomendaciones de conducta.

Búscale a Él, abre el Evangelio para conocer a Jesús y no solo conductas. Mírale, cómo está, está triste, enfadado, asustado, grita, te habla en la intimidad de la noche, a ti solo, a muchedumbres. Por qué toca a ese ciego, deja que te toque a ti, que te mire a ti, que te hable a ti. Si no, como el Evangelio ya nos suena, al final acabamos en lugares comunes, sacando conclusiones ya conocidas y nada personales.

La Palabra de Dios, el Verbo Encarnado, está vivo y te habla hoy a ti. Deja de hacer y pensar tú solo y haz de nuevo silencio y deja que Cristo te sugiera algo personalmente.

Y te recomiendo vivamente que dejes volar tu imaginación y entres en la escena que estés leyendo y la vivas como un personaje más, como recomendaba san Josemaría, especialmente en su libro *Santo Rosario:* «Frío. —Pobreza. —Soy un esclavito de José. —¡Qué bueno es José! —Me trata como un padre a su hijo. —¡Hasta me perdona, si cojo en mis brazos al Niño y me quedo, horas y horas, diciéndole cosas dulces y encendidas!... Y le beso —bésale tú—, y le bailo, y le canto, y le llamo Rey, Amor, mi Dios, mi Único, ¡mi Todo!... ¡Qué hermoso es el Niño...» (José María Escrivá, *Santo Rosario,* tercer misterio de gozo).

Atrévete a descolgar a Cristo de la Cruz: súbete con una escalera y a lo mejor te da asco la cercanía con su cadáver exangüe, maloliente, frío y pegajoso. Intentas sacar el clavo de su mano derecha y, al tirar, el brazo cae y golpea su costado. Y pides ayuda y usas unas cuerdas que raspan la piel y se lo entregas a su Madre y... ¿qué pasa por tu cabeza, por tu corazón? ¿Qué pensamientos, qué afectos? ¿Huyes, incómodo? ¿Lloras con María y le limpias la cara a su Hijo? Quédate ahí.

Es eso, estar, no sacar conclusiones ni propósitos, no analizar la conducta, solo estar y dejar que el Verbo se haga carne en ti y tu vida se entrelace con la vida de Cristo y al final tendrás sus mismos sentimientos, sus mismas reacciones, será Él quien viva en ti y tú en Él (cfr. *Gálatas* 2, 16-21).

CADA CAMINANTE SIGA SU CAMINO

Bueno, por fin se acaba esto, espero que estas páginas te hayan ayudado.

Todas estas ideas son para que comiences y desarrolles un proceso personal de amor. Cada cual tiene su forma de relacionarse con Dios. Es un tema íntimamente personal y exclusivo. Pero estos pasos pueden servirte de guía. Lo más importante es que encuentres tu propio camino en la oración. Porque, parafraseando el conocido refrán: «Todos los caminos de los que oran llevan a Dios».

San Josemaría deseaba para ti que «busques a Cristo, encuentres a Cristo y ames a Cristo», como hizo él; y así, como se lee en el último punto de su libro *Camino*, «enamórate y no le dejarás».

Que Dios te bendiga y te guíe en el hermoso viaje de escuchar su voz.

Oraciones que ayudan

AGRADECIMIENTOS

En primer lugar, a Dios por todo. A mi familia, la mejor. A mis amigos, únicos. Y entre ellos, en especial a Miguel Janer porque ha sido el autor en la sombra, por su trabajo y su entusiasmo. A David Suriol, mi *personal manager*, por ser el motor y asesor de todo este lío en el que el Señor nos metió. Dios os bendiga.

No quiero dejar de mencionar y dar las gracias a Francisco Crespo Giner. Su libro *La oración mental* ha sido una especial fuente de inspiración para este texto.